Reohmento